ステップ1
みんなのピアノ教室

がんばれキャッツ

■ 江口寿子 著

共同音楽出版社

《すいせんのことば》

■幼児や小学校低学年児にピアノの初歩を、楽しくしかも効果的に教えるには、どうしたらよいか。これは、とてもやりがいのある反面、むずかしい仕事です。

■人間の運動能力は、感覚能力ほど早く発達しないために、子どもたちの指は思うように動かないし、楽譜を読むのとピアノをひくのと同時にはじめなければならないため、負担が大きくなりがちだからです。そのため、せっかく張り切ってピアノを習いはじめても、「挫折」してしまう子どもたちが少なくないし、なかにはすっかり音楽嫌いになってしまう場合もあります。

■児童心理学の立場からすると、入門期の音楽教育は、「耳」つまり音楽的聴取の能力の育成に重点をおき、「指」つまり演奏技能の上達の方は二義的に扱うのがよいと思われますが、同時に、少しずつ楽譜に親しみを持たせ、視奏が可能になる下地をつくっておくことも大切です。この本は、この後の目的のために、大変具合よくできています。著者のアイデアの豊富さにも感心しますが、それにもまして、子どもたちに「楽しく」楽譜の読み方をおぼえてもらおう、という暖かい気持に敬服させられます。もちろん、ピアノの練習が楽しいずくめというわけにはいきませんが、無味乾燥な機械的練習だけではとても、子どもたちに音楽好きになってもらうことは期待できないでしょう。

■本書を利用される先生、お母さまが、この著者の気持を生かして指導にあたって下さったら、と願っています。

独協大学教授(発達心理学・音楽教育心理学)　波多野誼余夫

はじめに

　はじめてピアノと出会った子どもたちが、ピアノを心から好きになりピアノを一生の友だちとしていくためには、幅広い音楽の力を身につけることが必要です。

　近年、ピアノ教育が少しずつ見直されてきて、従来のただピアノを弾くだけの指導が反省されるようになってきました。そしてそんな機運に乗ってか、音楽の概念学習を目的とする全調メソード(注)がアメリカから輸入され、日本国内でも広まりつつあります。

　しかし、同じ曲を多くの調に移調して弾くことから入る方法が、幼児の持っている絶対音感の可能性を奪うことになったり、リズム符から入る方法が、読譜を混乱させる危険性をはらんでいるなど、全調メソードにはいくつかの重大な問題点があります。したがって、全調メソードをそのまま使って導入できるのは少なくとも8才以上くらいの生徒からであり、幼児の指導には適していません。

　この「がんばれキャッツ」シリーズは、全調メソードの問題点を取り除き、幼児にも安心して使えるように作りました。また、日本のごく普通の子どもたち、いわば音楽的環境に特に恵まれていない子どもたちでも、やさしく楽しいレッスンを通して、いつのまにか幅広い音楽の力が身につくように工夫してあります。

　この「がんばれキャッツ」シリーズが、日本のピアノ教育の新時代を拓くための布石となることを願うものです。

（注）全調メソードは、特に導入方法に特徴があります。読譜の前にまず鍵盤名を学び、次に全調の第5音までの鍵盤ポジションを学び、リズム符を使って鍵盤上で移調しながらいろいろな曲を弾きます。そして、ある程度手や指が自由に動かせるようになったところで読譜を入れていくという方法をとります。この方法は、まだ鍵盤名もしっかりおぼえられず手や指もよく動かないうちから、いきなり読譜と弾くことを同時にはじめなければならなかった従来の方法とくらべると、導入期の生徒の負担を軽くできるという良さはあります。

もくじ

おとの ながさ	10
🏠 おんぷを おぼえよう	12
1. おんぷで ひいてみよう	15
2. うさぎ ぴょん	17
3. りょうて いっしょに	19
4. さよなら	20
5. あひる	22
6. しりとり	23
7. まりつき	24
🎵 おんぷを おぼえよう	26
8. おんぷで ひいてみよう	29
9. ふうせん	31
10. ぬりえを しましょう	33
11. おへんじ	35
12. おふろ	37
13. どろんこ あそび	38
14. うんどうかい	39
✏️ おんぷを おぼえよう	42
15. おんぷで ひいてみよう	45
16. じてんしゃ	47
17. おやすみ	49
18. じどうしゃ	50
19. くつ	52
20. おでかけ	53
21. でんわ	59
22. ぶらんこ	61
23. ひきましょう 🏠	68
24. ひきましょう 🏠	69
25. とけい	70
26. りす	71
27. ひきましょう 🎵	72
28. ひきましょう 🎵	73
29. ことり	74
30. かあさん	75
31. ひきましょう ✏️	78
32. ひきましょう ✏️	79
33. おはよう	80
34. ゆめ	81
35. ロンド（デュエット）	82
36. うれしいこと（デュエット）	84
37. ちいさなマーチ（デュエット）	86
そつぎょうしょうしょ	91

「がんばれキャッツ――ステップ1」について

　この本は、「がんばれキャッツ」シリーズ全3段階のうちの第2段階にあたるもので、「がんばれキャッツ――導入用」を終えた生徒が学ぶためのものです。

　はじめてピアノを学ぶすべての生徒は年令に関係なく（たとえ大人の場合でも）、このシリーズの第1段階にあたる「導入用」からスタートする必要があります。

　この本は、絵符で演奏と読譜の基礎を身につける「導入用」と、本当の音符で弾く「ステップ2」との中間に位置し、この本によりハからニの読譜を確実に学ぶことができます。また、読譜の方法として「かたまり読み」という方法を提案しています。（「かたまり読み」については後に詳しく記します）

　この本のレッスンをいっそう確実なものとするためには、「ピアノのドリル――ステップ1A・1B」（共同音楽出版社刊）を併用してください。「ピアノのドリル」では、鍵盤と五線譜とのつながりについても学ぶことができます。また、レッスンを楽しくするためには、「絵符ピアノ曲集――どれみふぁどんぐり①、②」（共同音楽出版社刊）を併用してください。

　この本の終了後は「がんばれキャッツ――ステップ2」と「ピアノのドリル――ステップ2A・2B」へ進んでください。

　　　　（注）「がんばれキャッツ――導入用」では、①左右の手の区別、②白黒の色の区別、③1から5までの数字の判読、④指番号の学習、⑤音名の学習、⑥鍵盤名の学習、⑦読譜の連続置換作業、を学びます。

《「かたまり読み」について》

■この本では、新しい読譜の方法「かたまり読み」を提案しています。

■読譜を大別すると、「音名読み」と「模様読み(注)」があります。そして、五線上の音の名前を読む「音名読み」の方法としては、「数え読み」という方法がこれ迄広く使われてきました。

■「数え読み」とは、五線譜の仕組みを理解させた上で適当な目印の音を教え、その音から線間を順番に数えることによって目的の音を読ませる方法です。

ドを目印の音としておぼえ、レ、ミ、ファ、を数えてソを読む

■この方法の欠点は、幼児や小学校低学年の生徒に線間の仕組みを理解させ、まちがわずに数えさせることがむずかしいことと、数えて読む癖がつくと反射的に音を読み取る力が伸びにくいことにあります。

■それに比べ、この本が提案する「かたまり読み」は、幼児や低学年児にもやさしく、しかも一瞬にして読み取る力を身につけられる読譜方法です。なぜならこの方法は、幼児期特有の「パターン認知」という能力を巧く読譜に利用する方法で、子どもの発達に適った自然な方法だからです。「かたまり読み」が効果的であることは、実験や実際の指導によってすでに確かめられています。

■「かたまり読み」の具体的な方法は、次のようなものです。

 第1段階 ドミソ、ソシレ、ファラドのように、音をかたまりで見せてパターンとして記憶させる

 第2段階 かたまりの中の目的の音に意識をむける

 第3段階 かたまりを少しずつくずしていき、かたまりがくずれはじめても目的の音が読めるようにする

 第4段階 単独で目的の音を見ても読めるようにする

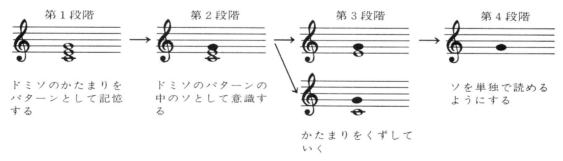

 (注)五線上の音名そのものを読む「音名読み」に対して、「模様読み」というのは、音の前後関係を相対的に読む読譜です。たとえば、前の音と比べ次の音は2度下がったとか、3度上がったとかを読み取る読譜のことで、これは音楽の理解や音楽的な演奏や初見演奏をするためには欠かすことができない大切な読譜技能です。

 「がんばれキャッツ」では、「ステップ2」で「模様読み」の読譜について学びます。

《読譜指導上の全般的な注意》

■この本では、「かたまり読み」によって、ドミソ、ソシレ、ファラドを教えますが、はさまれた音（ドミソの場合のレファ、ソシレの場合のラド、ファラドの場合のソシ）は教えません。ドミソ、ソシレ、ファラドをおぼえて組み合わせれば、結果的に音階全部の音をおぼえられたことになります。

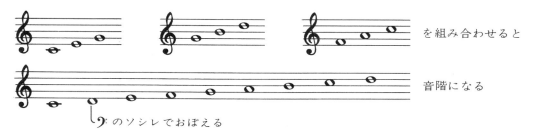
を組み合わせると

音階になる

■同じ名前の音が、ト音記号とヘ音記号では線と間の音符に分かれることを、色のぬり分けによって教えます。ト音記号とヘ音記号がいつも反対の色でぬられることがわかれば、大譜表から入っても両記号間の混乱は起こりません。

線の音符をあか、間の音符をみどりでぬると、同じ名前の音が
ト音記号とヘ音記号では、いつも反対の色でぬられることになる

■曲中の音符の○に、生徒の読譜力に合わせて、必要なら音名の絵（◉◉などの）を描き加えてかまいません。鉛筆で描いてやり、自力で読めるようになったら消してください。ただし、指使いを書きすぎますと、意識が音名から離れ指番号を見て弾くことになりますので、指使いの安易な追加は好ましくありません。
■曲はすぐ暗譜できるほどの短い曲ばかりですが、決して暗譜で弾かせないでください。いつの場合も、楽譜から目を離さず──手元を見ないで──弾くことを固く守らせてください。
■いっそう確実な読譜力をつけるために、「ピアノのドリル──ステップ１」の併用をおすすめします。単に五線上の音名がわかるだけでは、完全な読譜力とはいえません。鍵盤と密接に結びついた読譜力でなければ実際の役に立ちませんので、「ピアノのドリル」では、鍵盤と五線譜とのつながりについてもしっかり学ばせます。

《「シール」について》

■この本には、文字を書けない生徒でも学習できるように「シール」がついています。ワークの問題中、（シールをはる）と書いてある問題はシールを使ってください。もしシールを使わせたくない場合は、シールを貼る代りに文字で音名を書き込ませることもできます。
■シールは、この本で実際に使う量より多く用意してありますが、途中でなくしたり、学習以外に使ってしまうと困りますので、本を生徒に渡す際、シールを本から切り離して先生が保管するのも一方法でしょう。シールの別売りはしていません。
■シールは黒白２色ありますので、次のような使い分けができます。

(1) 黒・線の音符
　　白・間の音符

(2) 黒・ト音記号の音符
　　白・ヘ音記号の音符

(3) 黒・符頭が黒い音符（♩,♫など）
　　白・符頭が白い音符（♩,♩,○など）

この他、先生の工夫で自由に使い分けてください。

りりちゃんと　るるくんは　おんぷをよむ　おべんきょうを
はじめることにしました。
「おんぷって　おいしそうだね！」
「はやく　たべようよ！」
それをきいていた　おかあさんは　びっくり！
「おんぷが　おいしいって　なんのこと？
　はやく　たべたいって　なんのこと？」

りりちゃんと　るるくんが　いいました。
「しろいおだんごと　くろいおだんごが　あるよ！」
「どっちから　たべようか？」
おかあさんは　とっても　しんぱいになりました。
「こんなことで　おんぷのおべんきょうが　できるのかしら……」
みんな　りりちゃんと　るるくんに
おんぷは　おだんごじゃないって　おしえてあげてよ！

おとの ながさ

いろいろな ながさを りんごの かずと くらべてみましょう

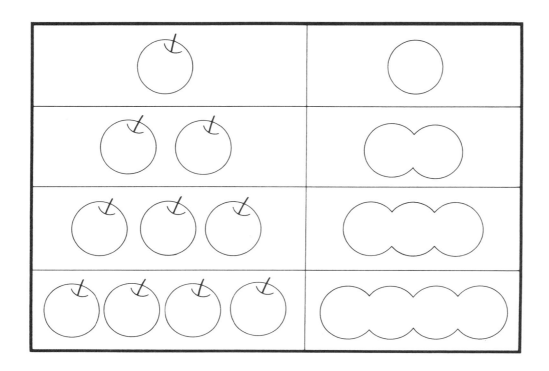

かいてあるながさで てを たたきましょう

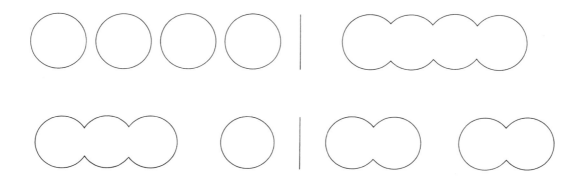

指導なさる方へ

はじめに 先生が手をたたき まねをさせてください。リズム唱をしながら 手をたたかせてください。リズム唱は 日頃 レッスンで使い慣れているものを 使ってください。

てを たたこう

かいてあるながさで てを たたきましょう

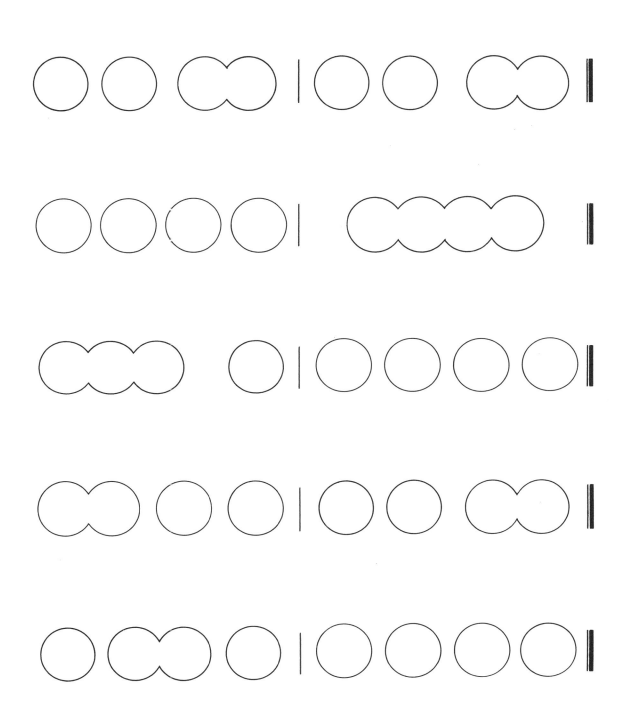

おんぷを おぼえよう

せんのうえのおんぷを あかで ぬりましょう
せんのあいだのおんぷを みどりで ぬりましょう
トおんきごうの 🌰🍅🎵は なにいろに ぬれましたか
ヘおんきごうの 🌰🍅🎵は なにいろに ぬれましたか
りょうほうの 🌰🍅🎵のいろを くらべてみましょう

指導なさる方へ

ここから「ピアノのドリル──ステップ1」を併用してください。「ピアノのドリル」では 五線上の読譜が確実に学べるだけでなく 鍵盤と密接に結びついた読譜力を身につけることができます。

🌰🍅✋の おんぷと けんばん
ピアノで さがしてみましょう

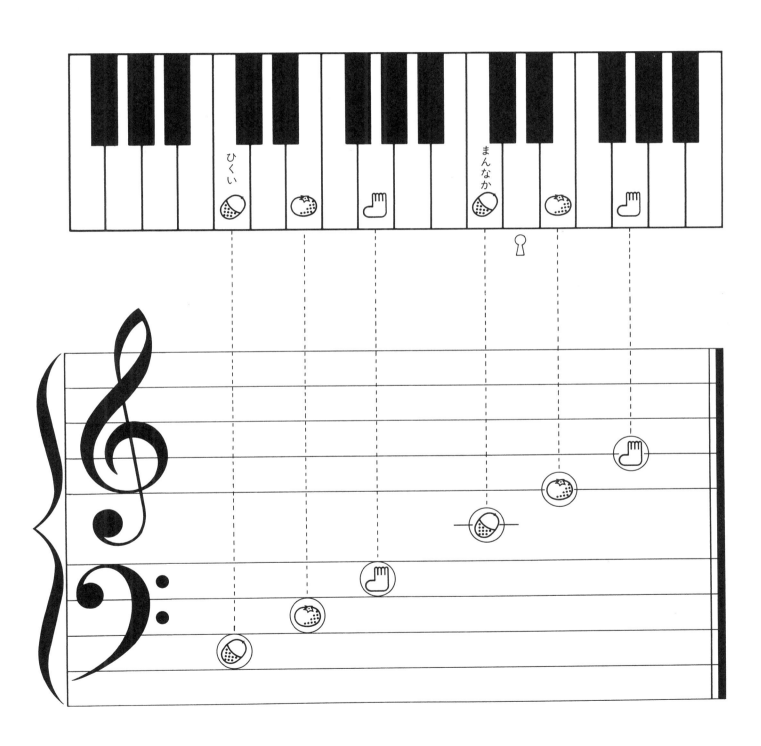

かいてみよう

ぬけているおとをかいて みんな に しましょう

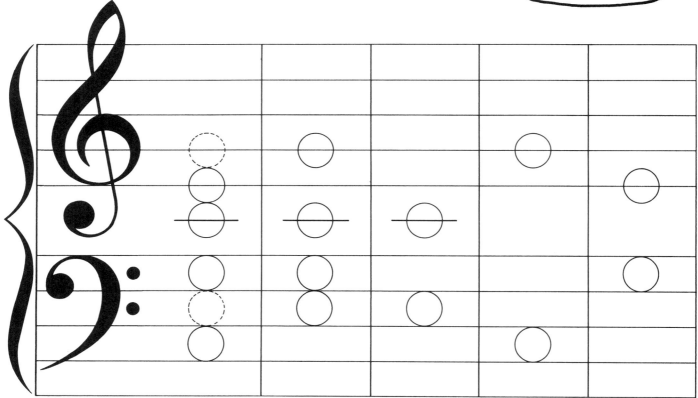

を かいてみましょう

1. おんぷで ひいてみよう

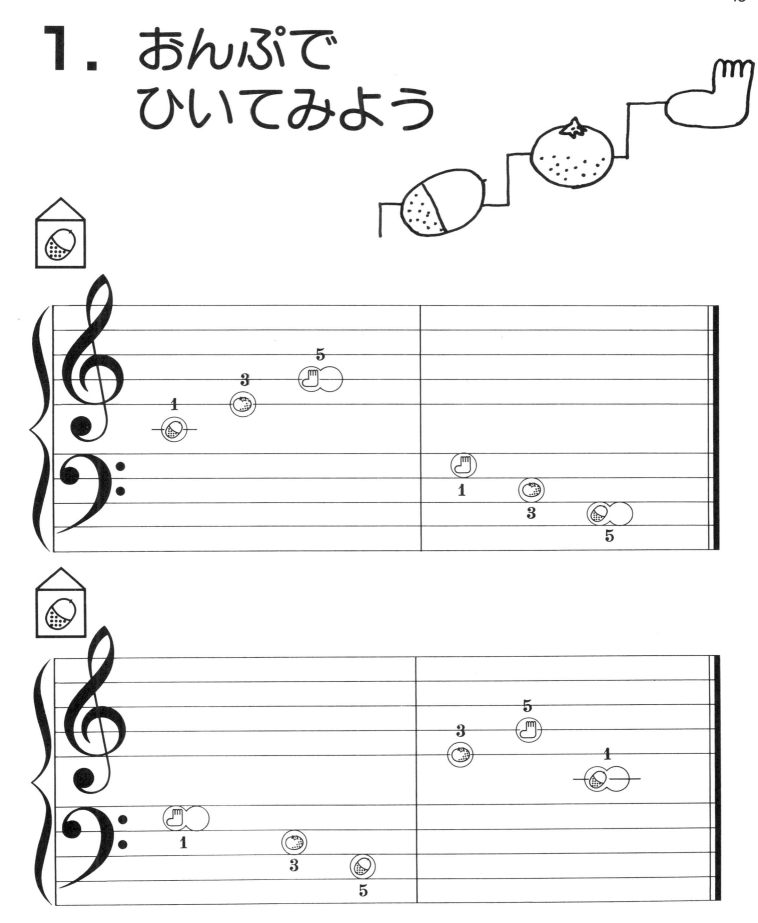

いえるかな

🌰🌰♩のなかの ●のおとのなまえを いいましょう
すらすらいえるまで なんども れんしゅうしましょう
（さいごに シールを はりましょう）

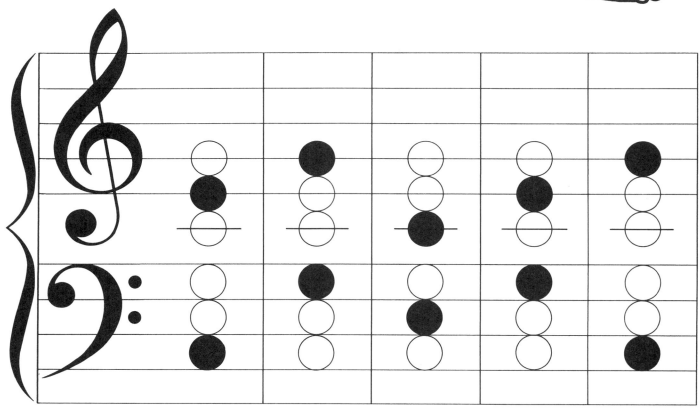

🌰を くろで ぬりましょう（または シールを はりましょう）

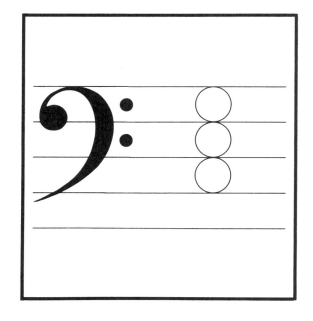

2. うさぎ ぴょん

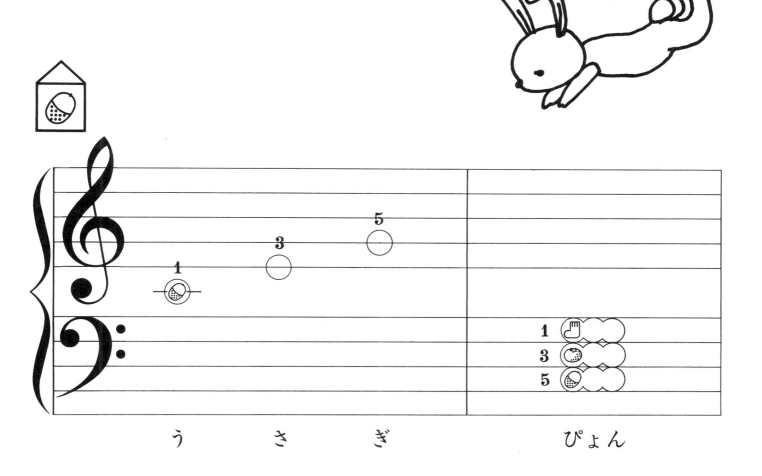

うさぎ　　　ぴょん

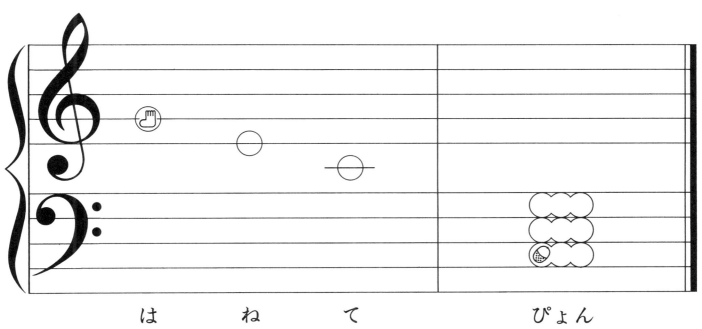

は　ね　て　　ぴょん

指導なさる方へ

ドミソの和音がひけない場合は ドソ（5と1の指）で ひかせてください。
このあとも ずっとそうです。

ぬれるかな

えをみて🌰🍊✋のなかの○を くろで ぬりましょう
（または シールを はりましょう）

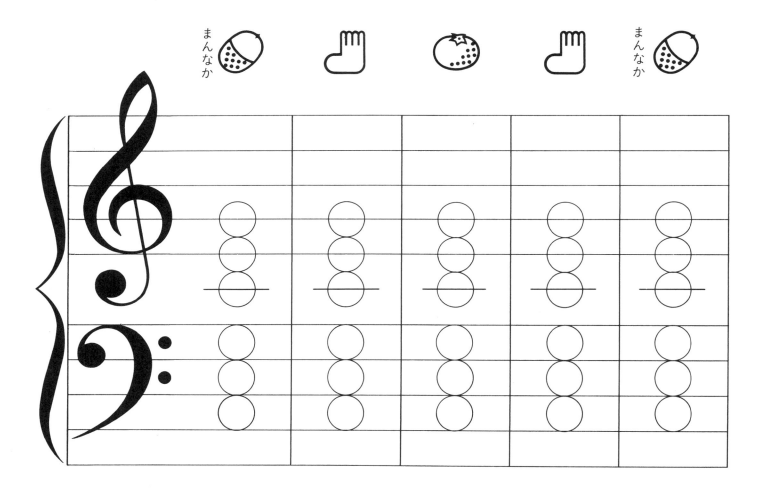

3. りょうて いっしょに

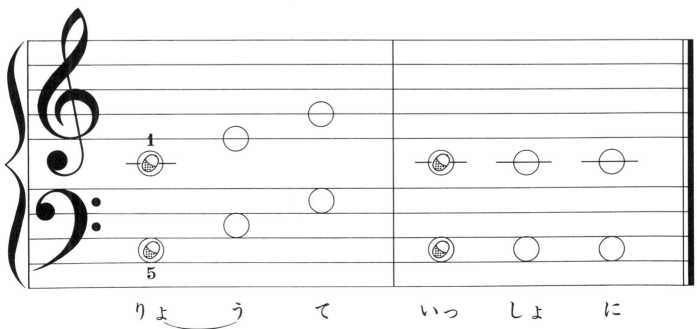

4. さよなら

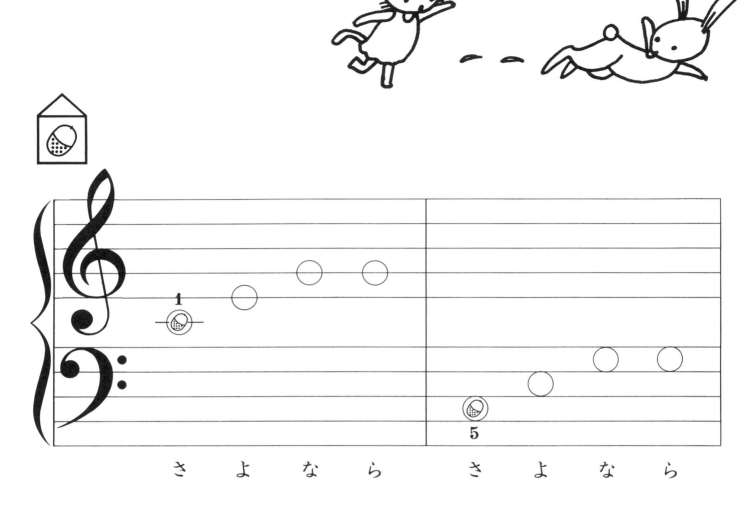

さ よ な ら　さ よ な ら

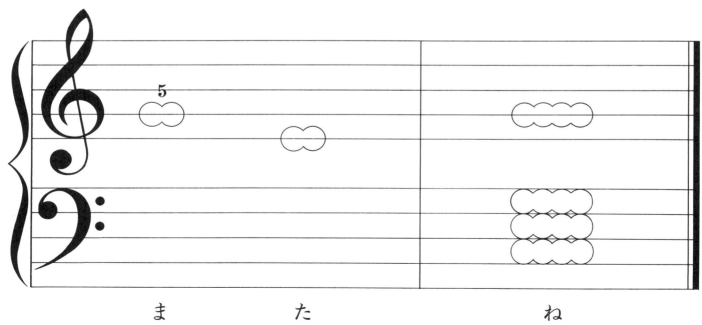

ま　　　た　　　　ね

ふうせんが とんじゃった

ふうせんの いとがきれて とんでいきます
どのふうせんを どのくぎに つなげばよいか せんでむすびましょう
せんのうえの おんぷのふうせんを あかで ぬりましょう
せんのあいだの おんぷのふうせんを みどりで ぬりましょう

5. あひる

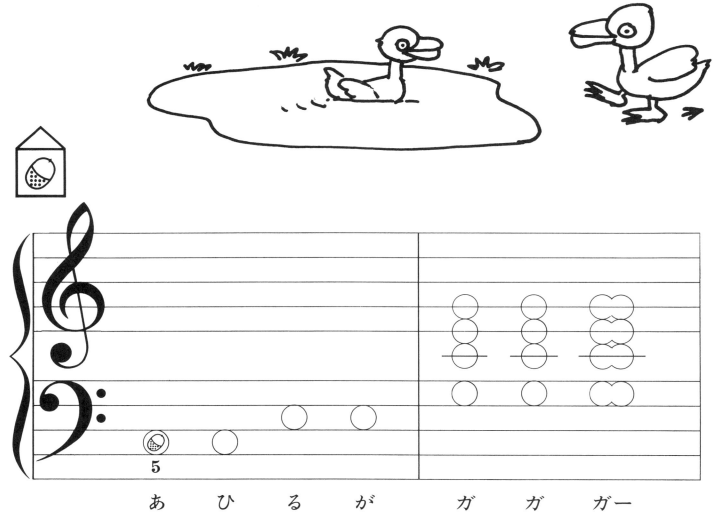

あ ひ る が　ガ ガ ガー

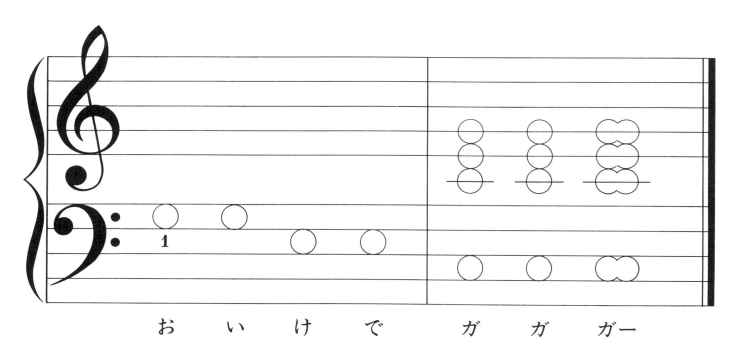

お い け で　ガ ガ ガー

6. しりとり

めがね　ねずみ

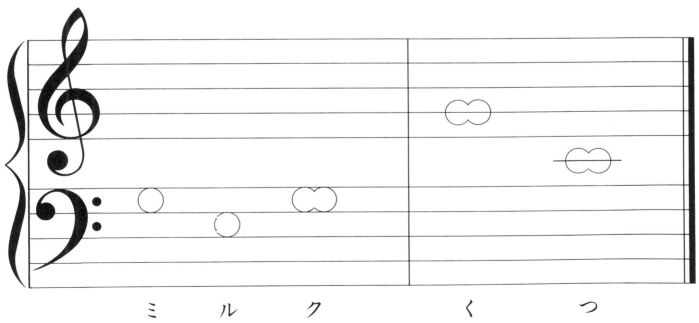

ミルク　くつ

7. まりつき

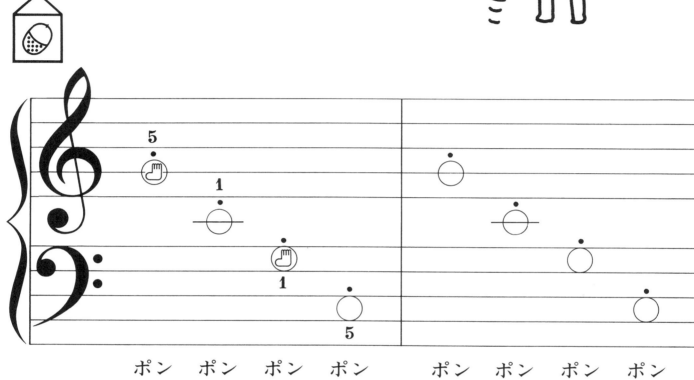

かけるかな

えをみて ごせんに ○のおんぷを かきましょう
（または シールを はりましょう）

おんぷを おぼえよう

せんのうえのおんぷを あかで ぬりましょう
せんのあいだのおんぷを みどりで ぬりましょう
トおんきごうの 🖐️🎵⬜🌰 は なにいろに ぬれましたか
ヘおんきごうの 🖐️🎵⬜🌰 は なにいろに ぬれましたか
りょうほうの 🖐️🎵⬜🌰 のいろを くらべてみましょう

かいてみよう

ぬけているおとをかいて みんな♩🥛⊙に しましょう

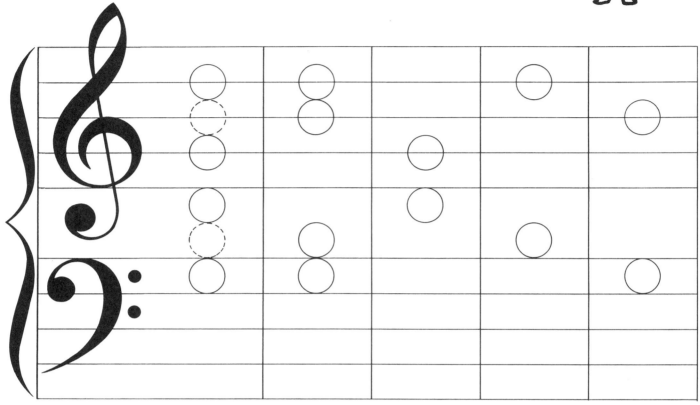

♩🥛⊙を かいてみましょう

8. おんぷで ひいてみよう

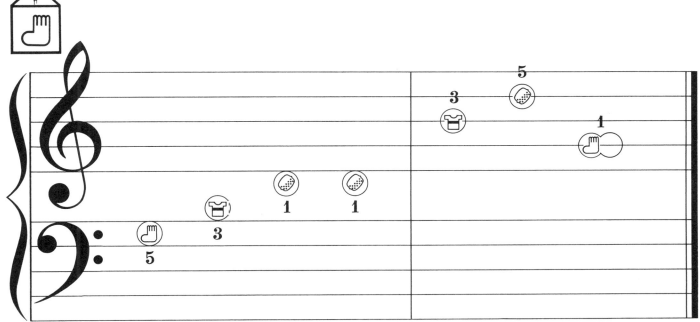

指導なさる方へ

ト音記号下第1間のレは 左手でひかせてください。

いえるかな

🎵🛎🍰のなかの ●のおとのなまえを いいましょう
すらすらいえるまで なんども れんしゅうしましょう
（さいごに シールを はりましょう）

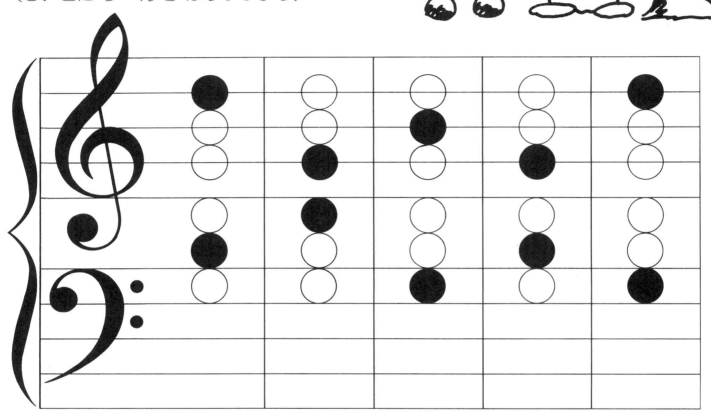

🛎を くろで ぬりましょう
（または シールを はりましょう）

🍰を くろで ぬりましょう
（または シールを はりましょう）

9. ふうせん

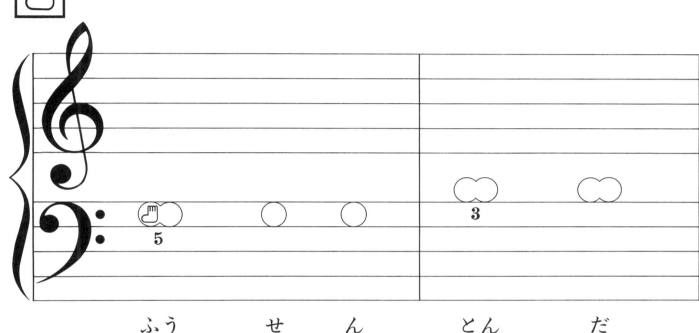

ふう　せ　ん　　とん　だ

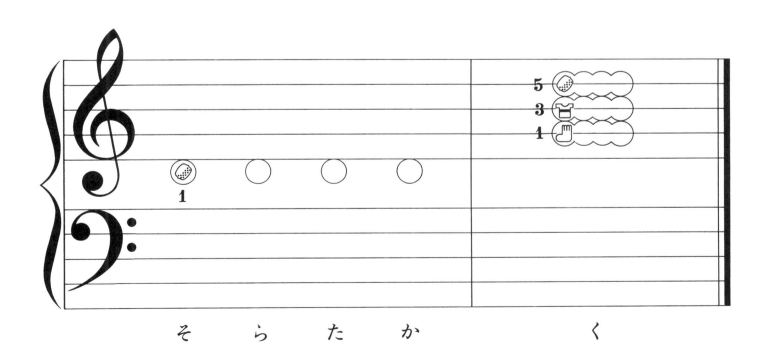

そ　ら　た　か　　く

指導なさる方へ

ソシレの和音がふけない場合は ソレ（1と5の指）で ひかせてください。
ト音記号下第1間のレは 左手でひかせて下さい。このあとも ずっとそうです。

なんのいえかな

けんばんのえをみて なんのいえか いいましょう
（または シールを はりましょう）

10. ぬりえを しましょう

指導なさる方へ

ト音記号下第1間のレは 左手でひかせてください。

ぬれるかな

えをみて 🤚👕🧽 のなかの○を くろで ぬりましょう
（または シールを はりましょう）

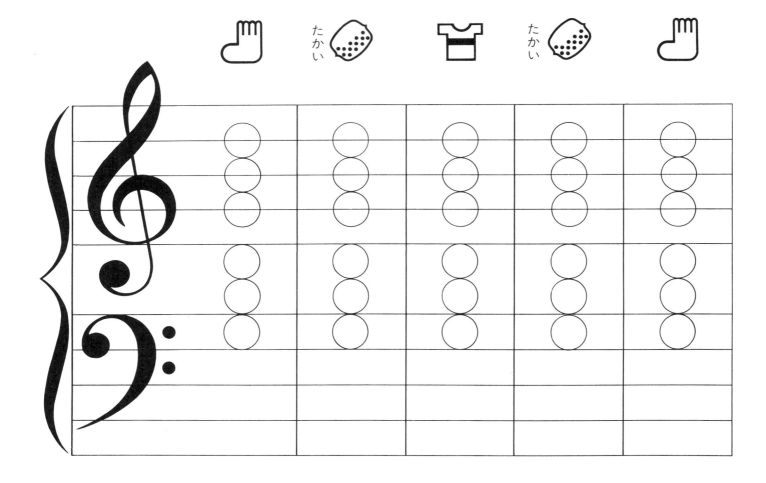

11. おへんじ

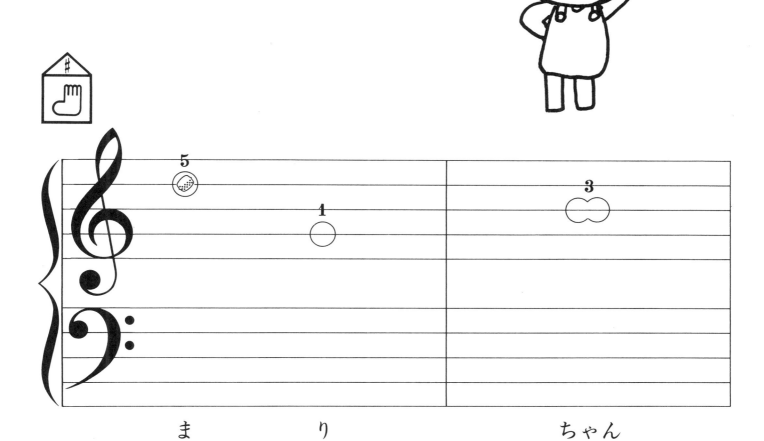

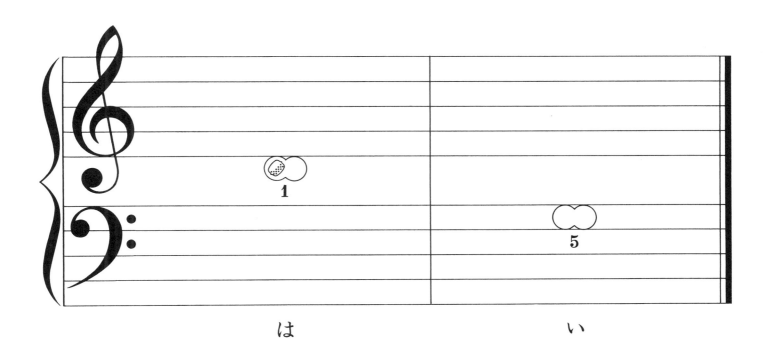

指導なさる方へ

ト音記号下第1間のレは 左手でひかせてください。

やまへ のぼろう

ねこちゃんが やまのぼりをします
おんぷと えが あっているみちをとおって のぼりましょう
とおった □に ○をつけましょう

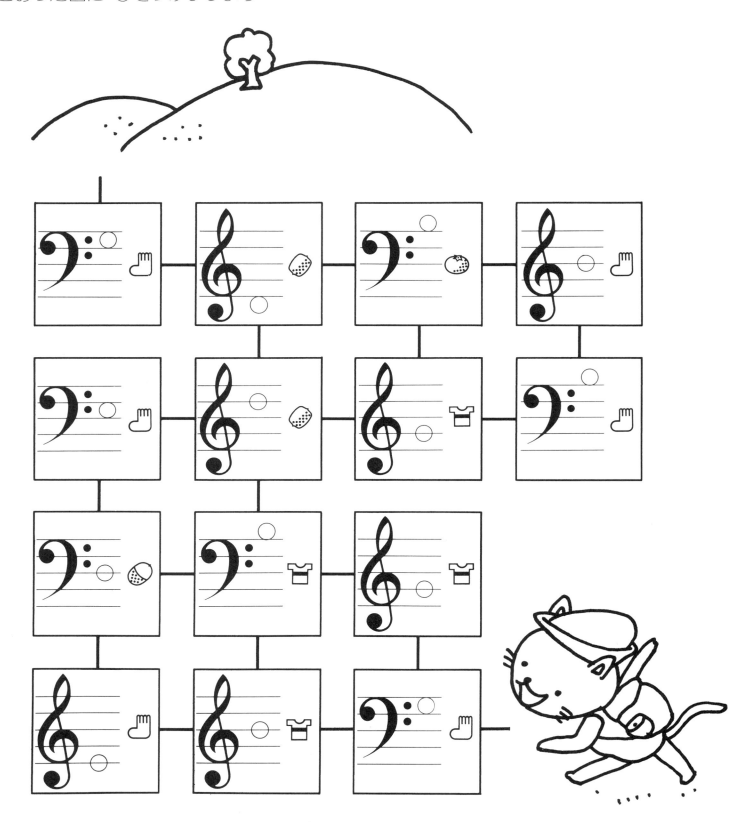

12. おふろ

指導なさる方へ

ト音記号下第1間のレは 左手でひかせてください。

13. どろんこ あそび

どろんこ ペッタン ペッタン

すなばで ペッタン ペッタン

指導なさる方へ

ト音記号下第1間のレは 左手でひかせてください。

14. うんどうかい

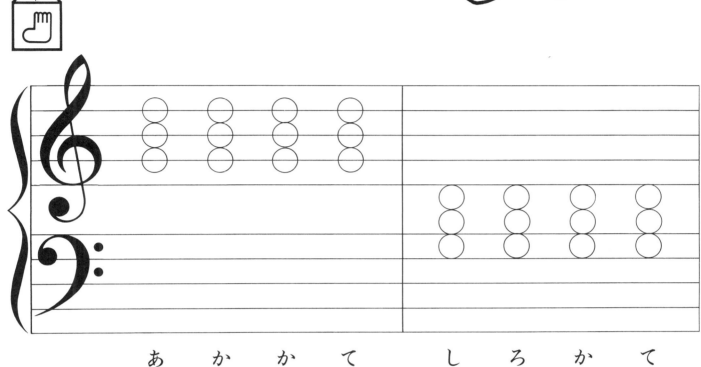

あ か か て　　し ろ か て

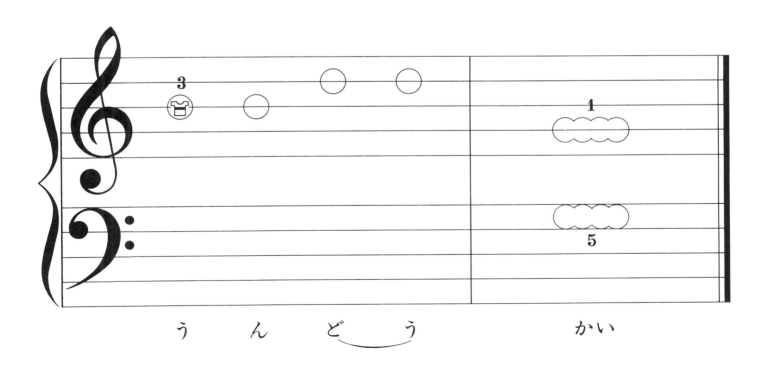

う ん ど う　　か い

指導なさる方へ

ト音記号下第1間のレは　左手でひかせてください。

かけるかな

えをみて ごせんに ○のおんぷを かきましょう
（または シールを はりましょう）

どのけんばんで ひくのかな

いえのえをみて どのけんばんでひくのか ●でけんばんに しるしを つけましょう

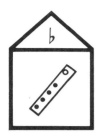

おんぷを おぼえよう

せんのうえのおんぷを あかで ぬりましょう
せんのあいだのおんぷを みどりで ぬりましょう
トおんきごうの 🎹 🎺 🥚 は なにいろに ぬれましたか
へおんきごうの 🎹 🎺 🥚 は なにいろに ぬれましたか
りょうほうの 🎹 🎺 🥚 のいろを くらべてみましょう

🎵 の おんぷと けんばん

ピアノで さがしてみましょう

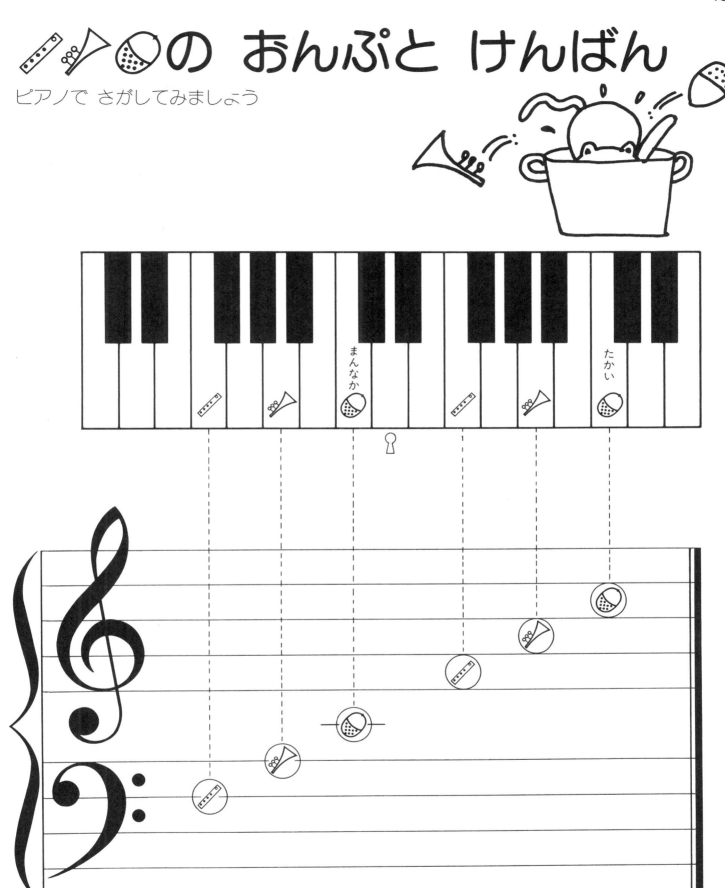

かいてみよう

ぬけているおとをかいて みんな♩♪♫に しましょう

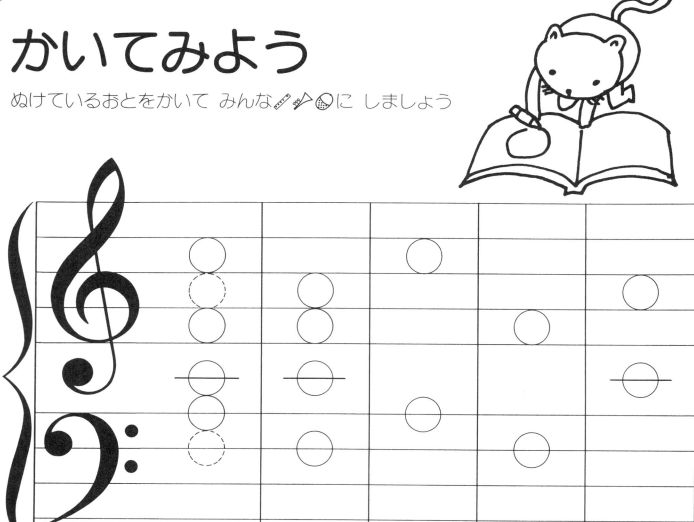

♩♪♫を かいてみましょう

15. おんぷで ひいてみよう

指導なさる方へ

まんなかのドは 左手でひかせてください。このあとも ずっとそうです。

いえるかな

🎵 のなかの ● のおとのなまえを いいましょう
すらすらいえるまで なんども れんしゅうしましょう
（さいごに シールを はりましょう）

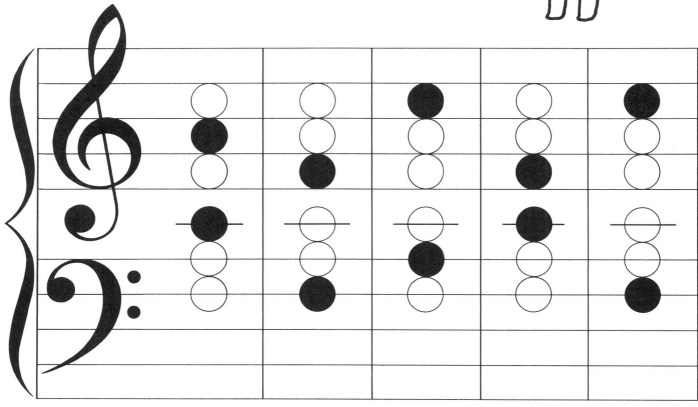

🎵 を くろで ぬりましょう（または シールを はりましょう）

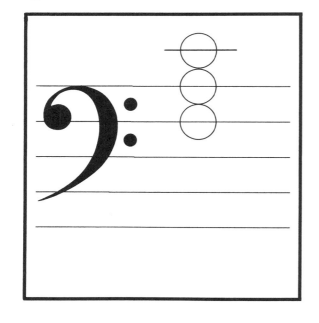

16. じてんしゃ

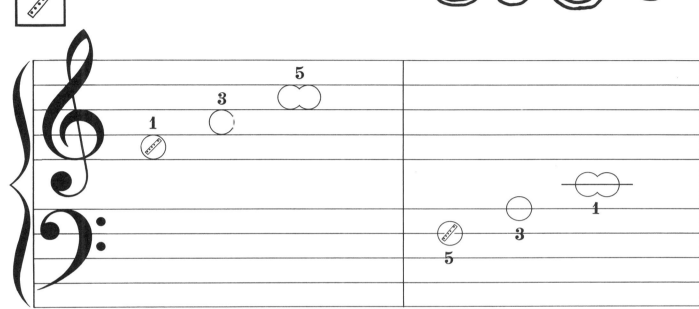

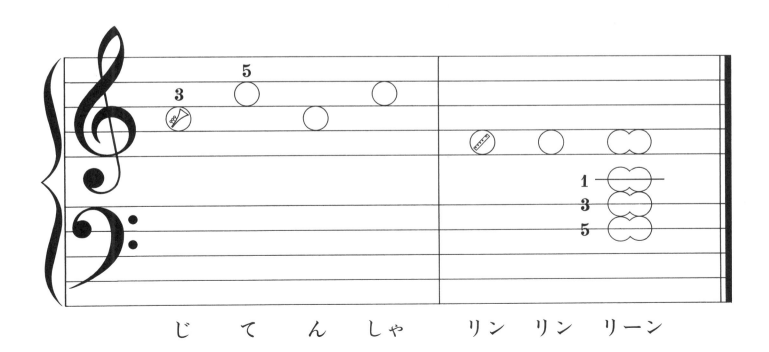

指導なさる方へ

ファ ラ ドがひけない場合は ファ ド（5と1の指）で ひかせてください。
まんなかのドは 左手でひかせてください。このあとも ずっとそうです。

ぬれるかな

えをみて 🖉 🎺 🌰 のなかの○を くろで ぬりましょう
（または シールを はりましょう）

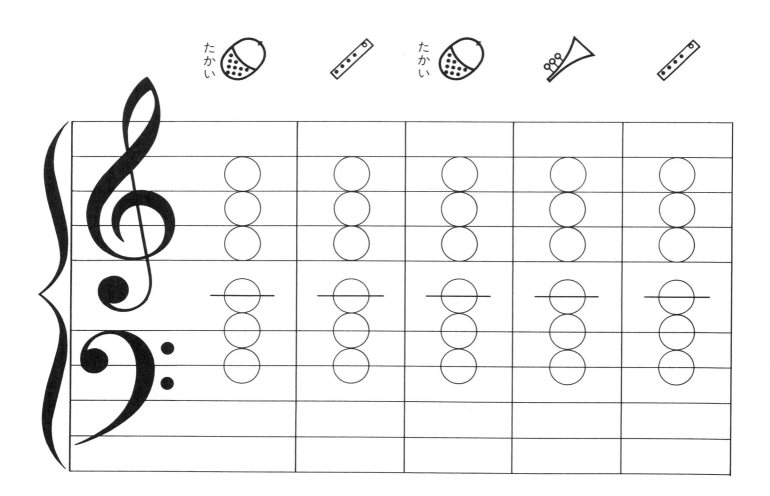

17. おやすみ

おやすみ

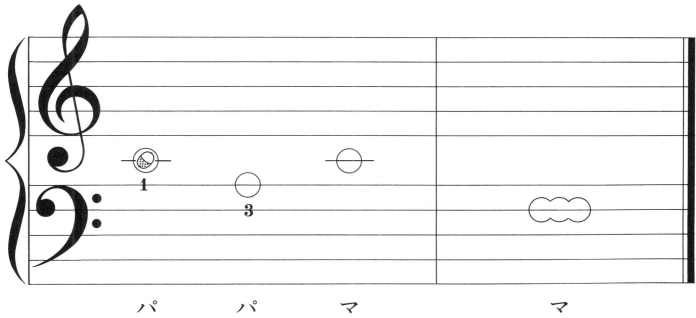

パパマ　マ

18. じどうしゃ

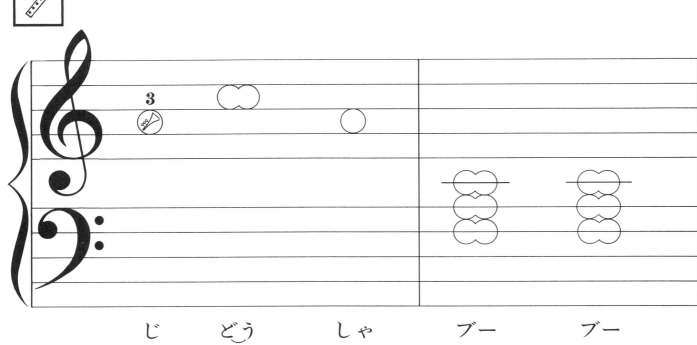
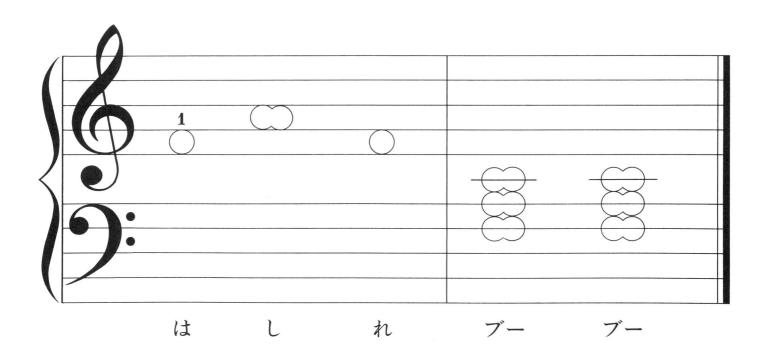

おつかいへ いこう

ねこちゃんが おかあさんにたのまれて おつかいへ いきます
ちずのとおりにいって なにを かってくるのでしょう
とおった□に ○をつけましょう

20. おでかけ

かけるかな

えをみて ごせんに ○のおんぷを
かきましょう
(または シールを はりましょう)

かけるかな

ならったおとを かいてみましょう
（または シールを はりましょう）

よめるかな

ひくいおとから たかいおとへ おとを よみましょう
すらすらよめるまで なんども れんしゅうしましょう
じょうずによめるようになったら おんぷの○のなかに おとのなまえを
かきましょう（または シールを はりましょう）
ピアノでも ひいてみましょう

指導なさる方へ
ピアノでも ひかせてください。

よめるかな

ひくいおとから たかいおとへ おとを よみましょう
すらすらよめるまで なんども れんしゅうしましょう
じょうずによめるようになったら おんぷの〇のなかに おとのなまえを
かきましょう（または シールを はりましょう）
ピアノでも ひいてみましょう

指導なさる方へ
ピアノでも ひかせてください。

わかるかな

おとのなまえを いいましょう（または シールを はりましょう）
ピアノでも ひいてみましょう

21. でんわ

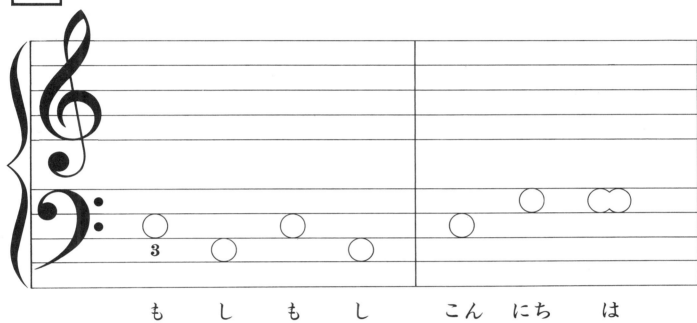

もしもし　こんにちは

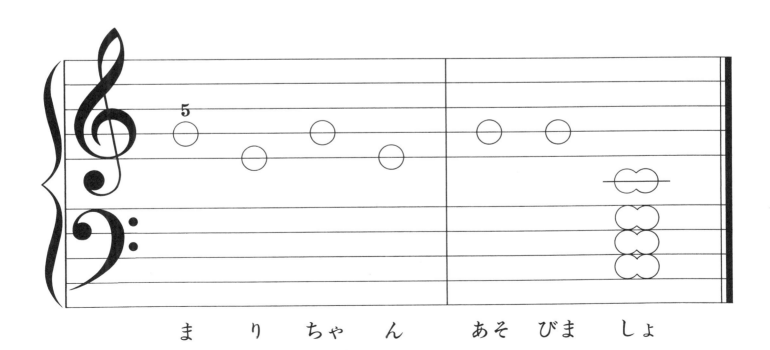

まりちゃん　あそびましょ

わかるかな

おとのなまえを いいましょう（または シールを はりましょう）
ピアノでも ひいてみましょう

22. ぶらんこ

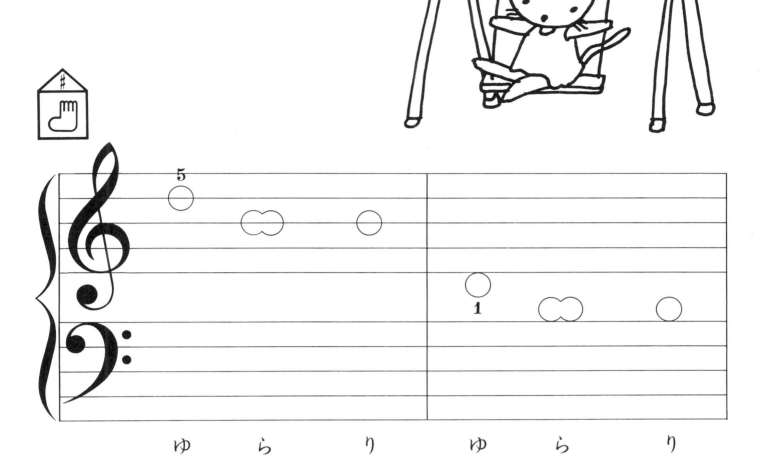

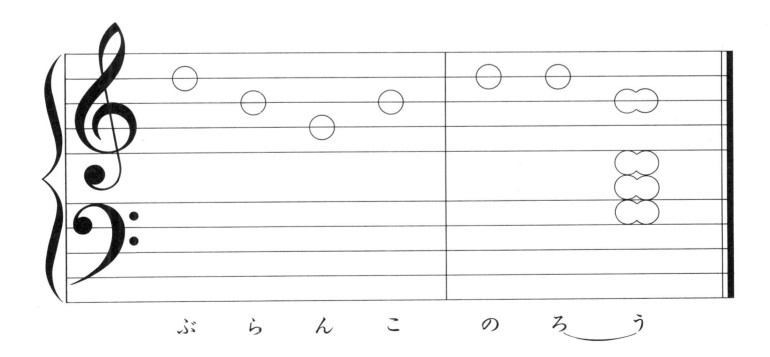

指導なさる方へ

ト音記号下第1間のレは 左手でひかせてください。

わかるかな

□の けんばんのなまえを いいましょう（または シールを はりましょう）
したのおんぷのなかから □のけんばんと おなじおんぷを さがしましょう
（または シールを はりましょう）

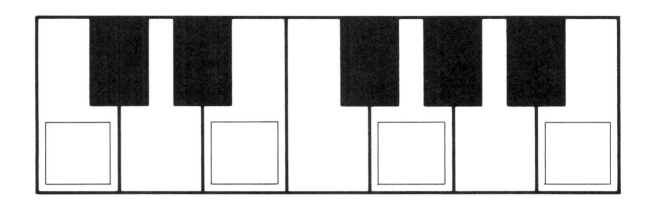

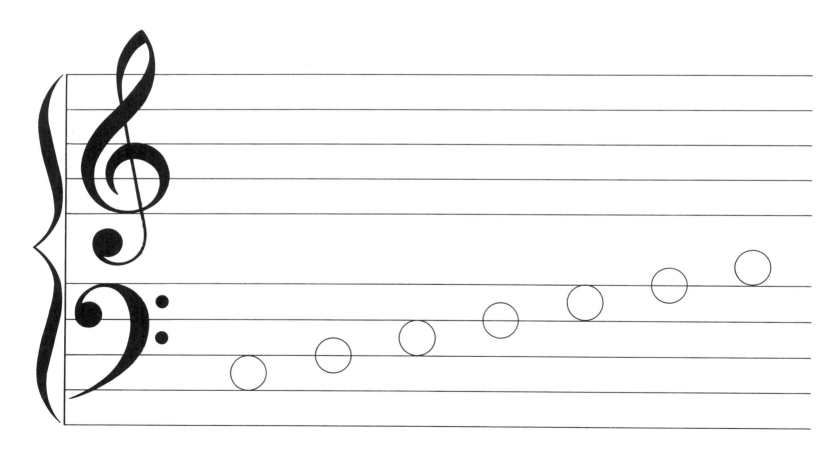

指導なさる方へ

間の音符が 鍵盤上ではひとつとびになることを 教えてください。
ピアノの鍵盤上で 実際に確かめさせてください。

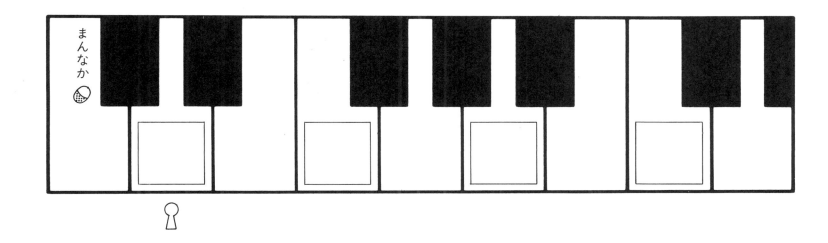
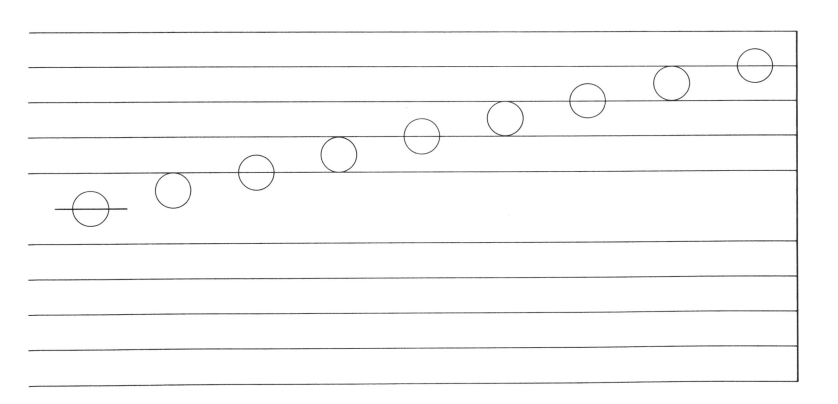

わかるかな

□の けんばんの なまえを いいましょう（または シールを はりましょう）
したの おんぷの なかから □のけんばんと おなじおんぷを さがしましょう
（または シールを はりましょう）

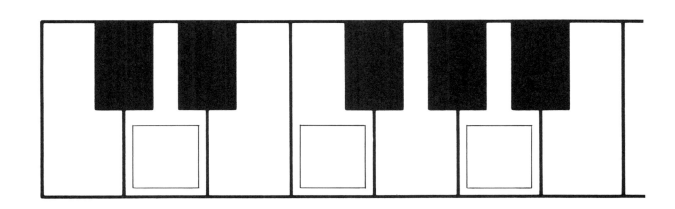

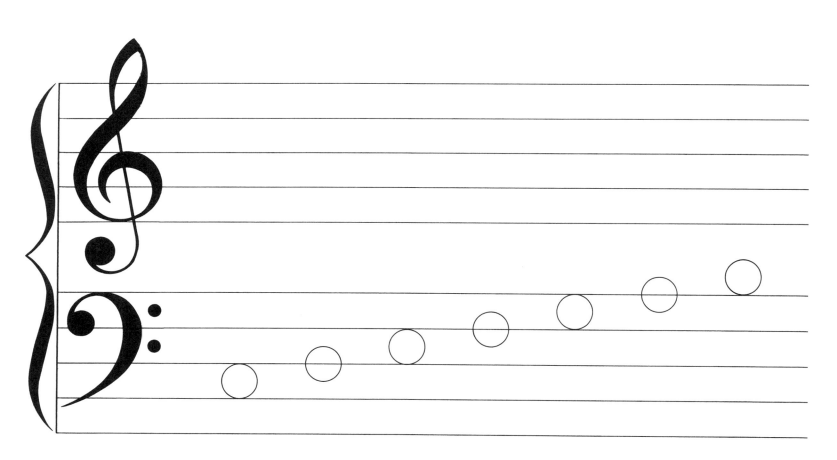

指導なさる方へ

線の音符が 鍵盤上ではひとつとびになることを 教えてください。
ピアノの鍵盤上で 実際に確かめさせてください。

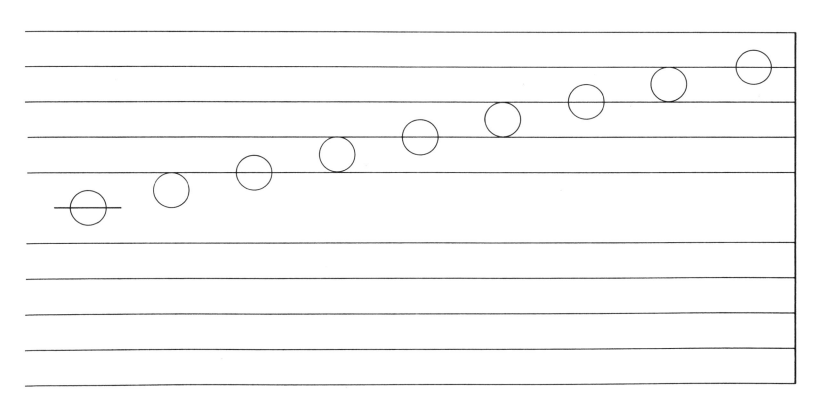

かけるかな

おとと おとのあいだに ○のおんぷを かきましょう
そのあと ぜんぶのおとのなまえを いいましょう
(または シールを はりましょう)
さいごに ピアノで ひいてみましょう

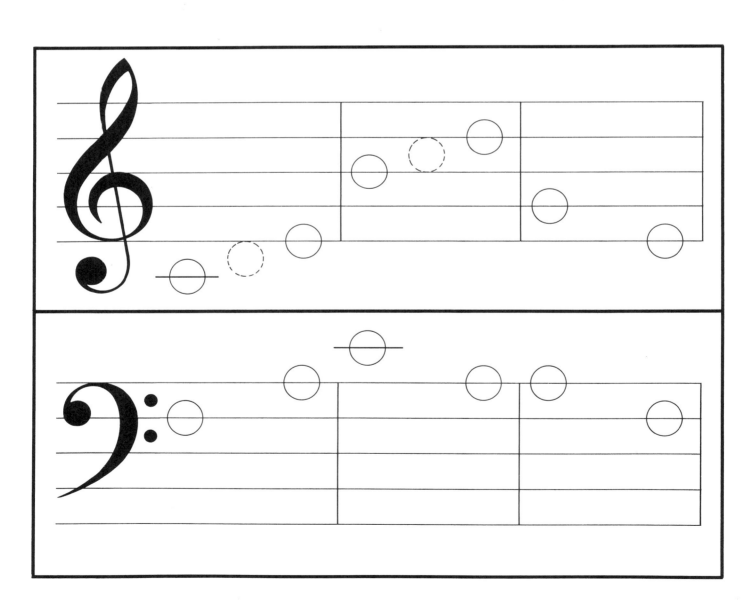

かけるかな

おとと おとのあいだに ○のおんぷを かきましょう
そのあと ぜんぶのおとのなまえを いいましょう（または シールを はりましょう）
さいごに ピアノで ひいてみましょう

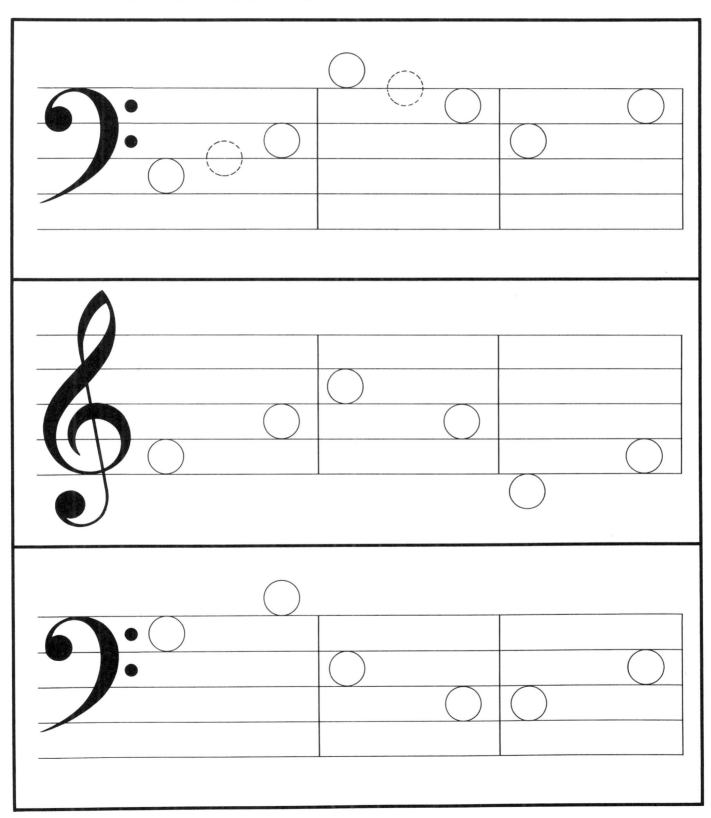

23. ひきましょう

おとのなまえを いいましょう（または シールを はりましょう）
そのあと ひいてみましょう

24. ひきましょう

おとのなまえを いいましょう（または シールを はりましょう）
そのあと ひいてみましょう

25. とけい

と　け　い　は　　ボン　ボン　ボーン

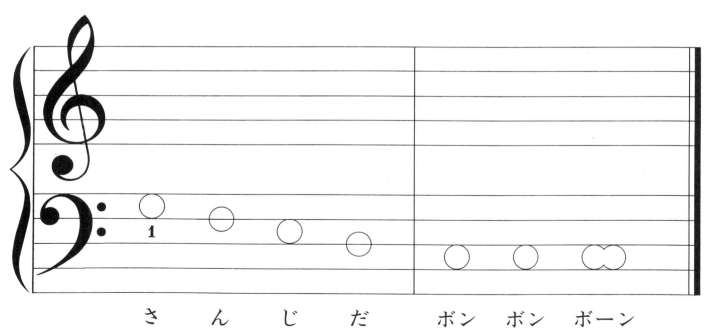

さ　ん　じ　だ　　ボン　ボン　ボーン

26. りす

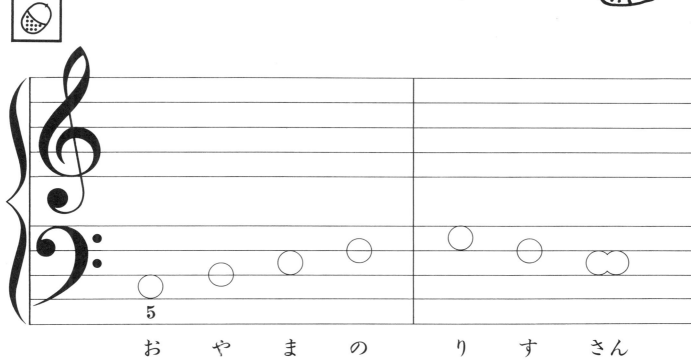

おやまの　りすさん

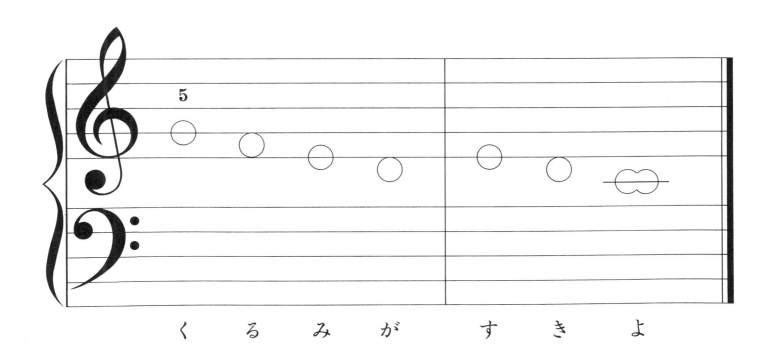

くるみが　すきよ

27. ひきましょう

おとのなまえを いいましょう（または シールを はりましょう）
そのあと ひいてみましょう

指導なさる方へ

ト音記号下第1間のレは 左手でひかせてください。

28. ひきましょう

おとのなまえを いいましょう（または シールを はりましょう）
そのあと ひいてみましょう

指導なさる方へ

ト音記号下第1間のレは 左手でひかせてください。

29. ことり

こ と り が　ピッ ピッ ピー

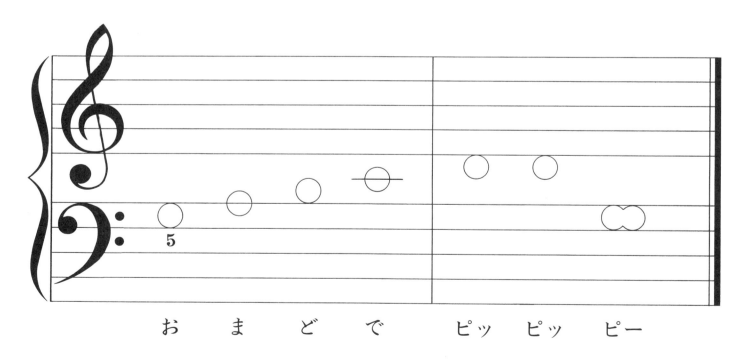

お ま ど で　ピッ ピッ ピー

指導なさる方へ

ト音記号下第1間のレは　左手でひかせてください。

30. かあさん

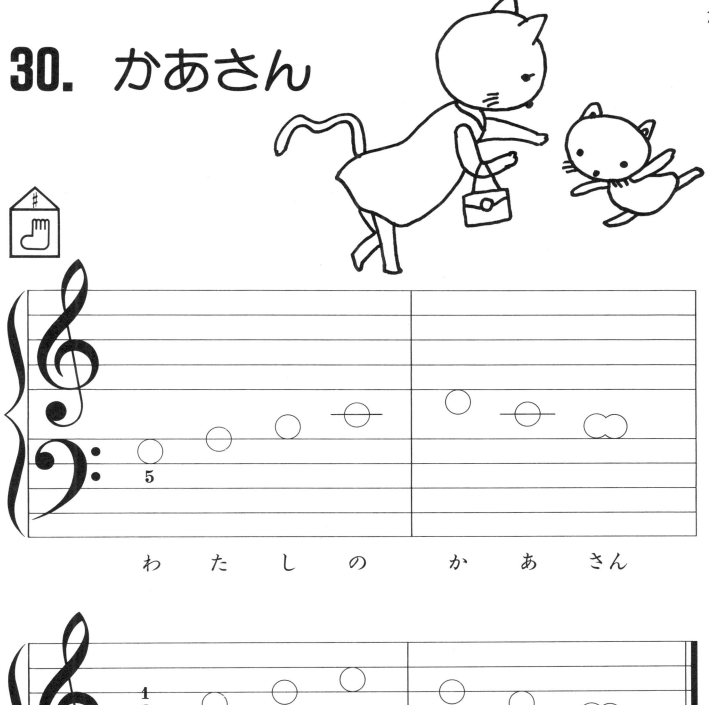

わ た し の　か あ さ ん

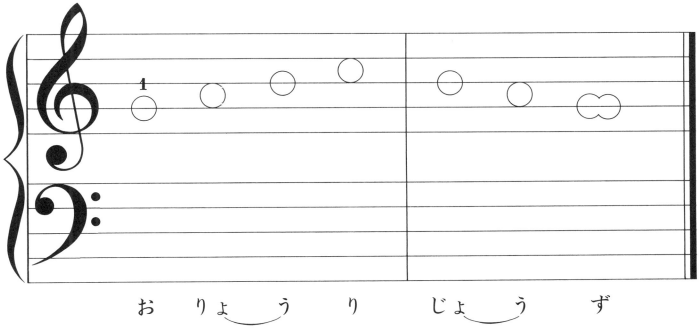

お　りょ う　り　じょ う　ず

指導なさる方へ

ト音記号下第1間のレは 左手でひかせてください。

🎹のいえに 👕が かえってきた

🎹のいえには🎹✋🎺 のおとが います
でも なにか たりません そうです 👕が いませんね
あるひ 👕が どろんこで まっくろになって かえってきました
みんな おおよろこびです
いままで どこで あそんでたのかしら……

👕は くろいけんばんを ひきます

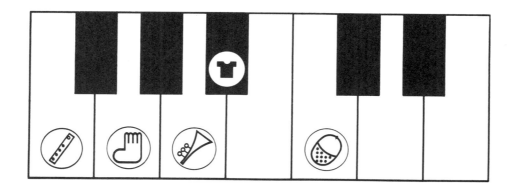

指導なさる方へ

シ♭は👕として教えます。

せんで むすぼう

けんばんと おんぷと いえと あうものを せんで むすびましょう

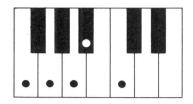
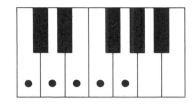
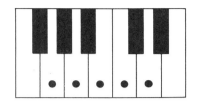

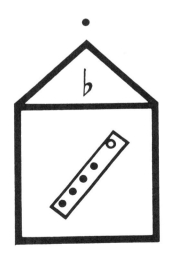

31. ひきましょう

おとのなまえを いいましょう (または シールを はりましょう)
そのあと ひいてみましょう

32. ひきましょう

おとのなまえを いいましょう（または シールを はりましょう）
そのあと ひいてみましょう

33. おはよう

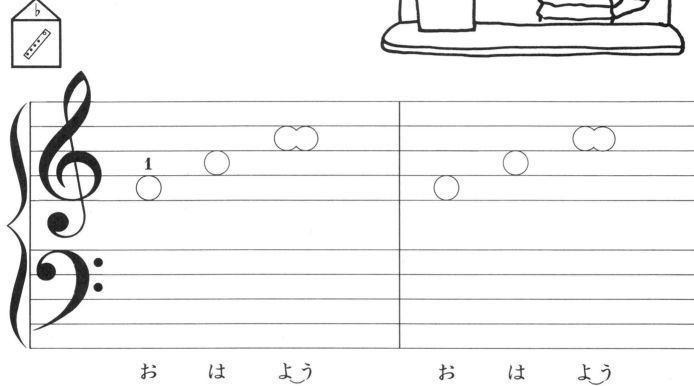

おはよう　おはよう

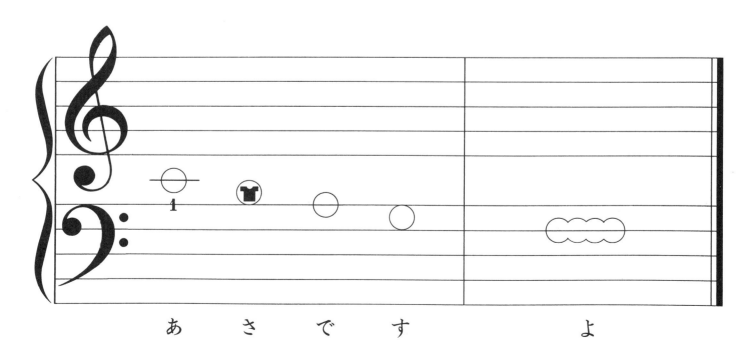

あさですよ

34. ゆめ

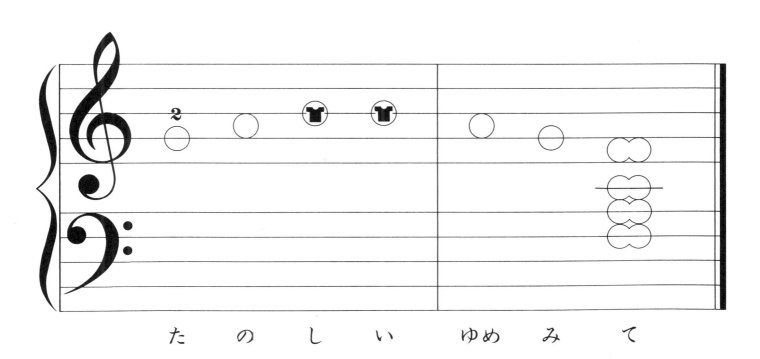

35. ロンド

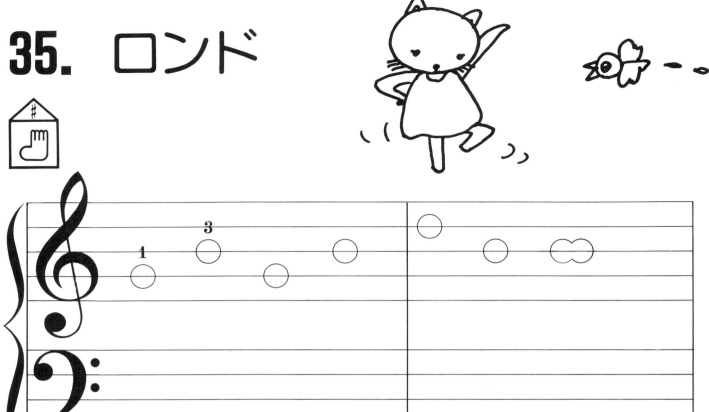
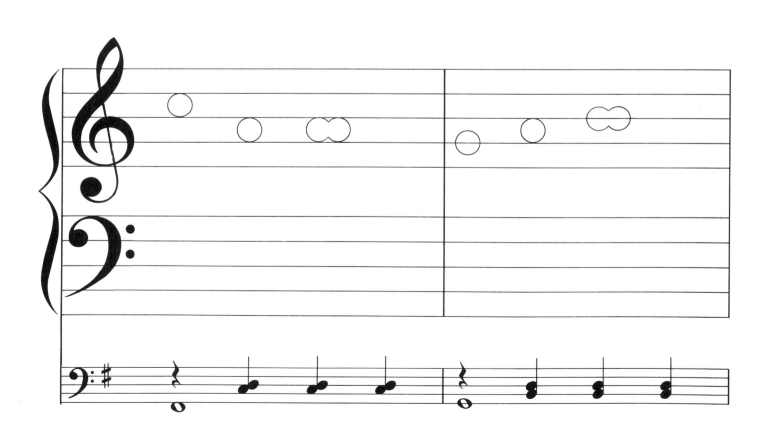

〔デュエット・パート〕

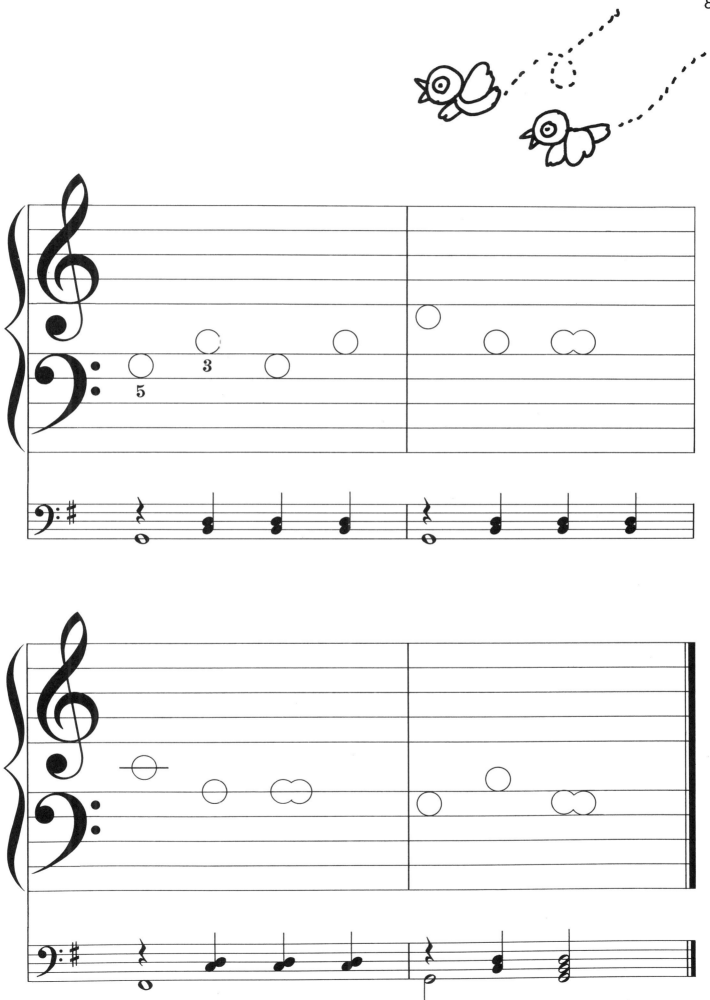

36. うれしいこと

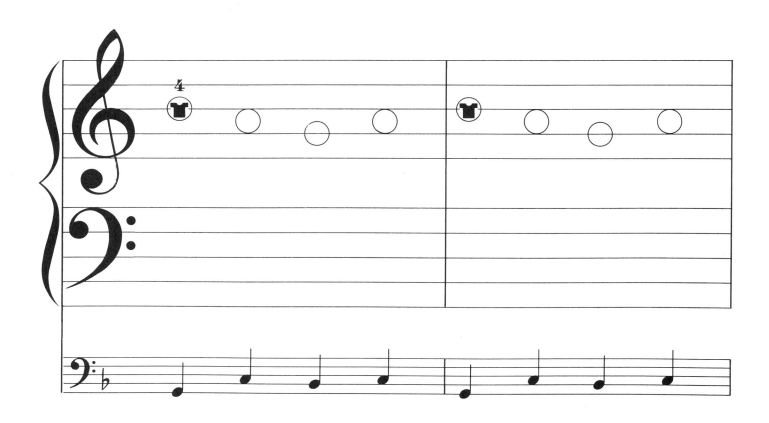

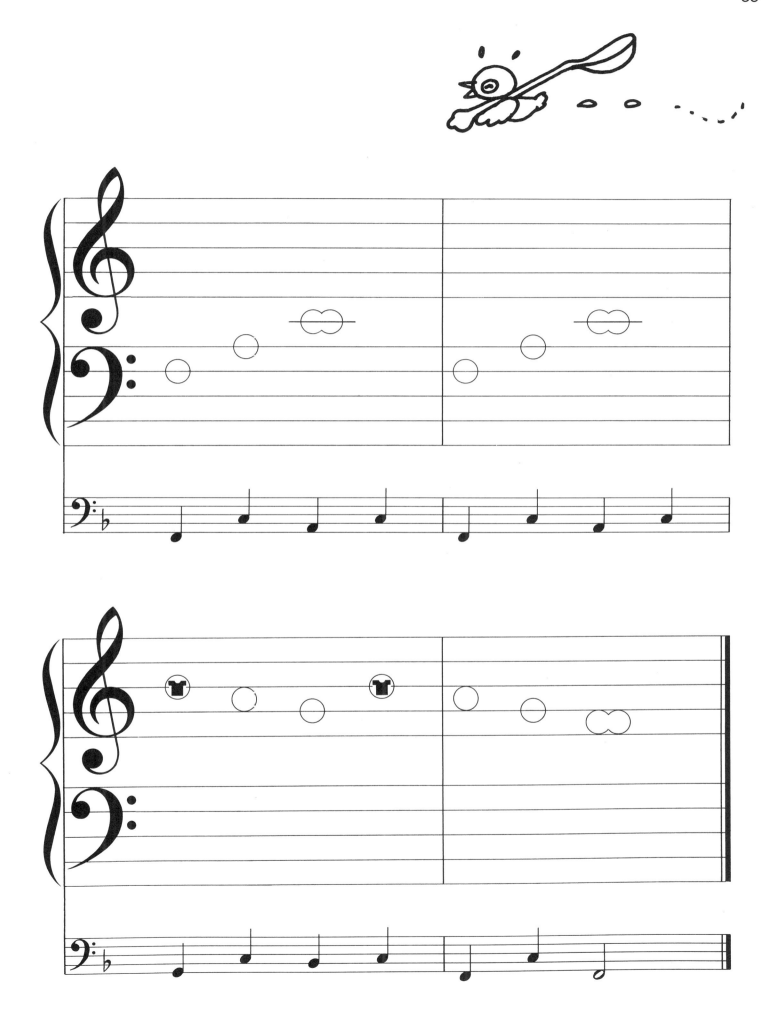

37. ちいさなマーチ

みぎては たかい 🌰 から ひきはじめましょう

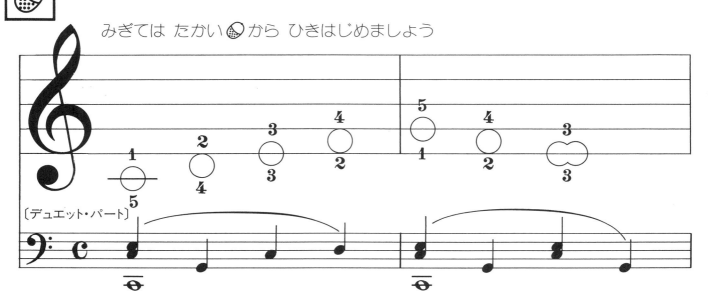

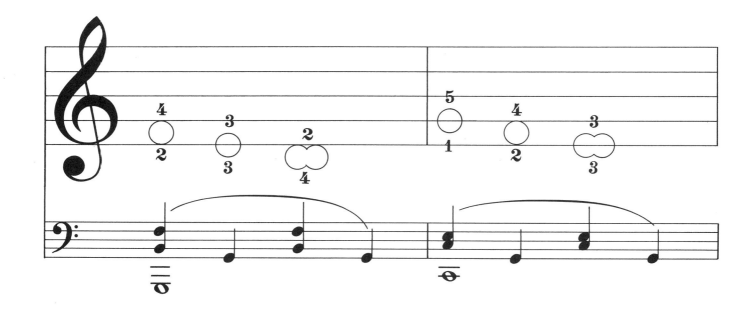

指導なさる方へ

オクターブのユニゾンで ひかせてください。書いてある音は 左手でひかせます。
右手は 左手の1オクターブ上でひかせます。

87

ぜんぶ かけるかな

えをみて ごせんに ○のおんぷを
かきましょう
（または シールを はりましょう）

指導なさる方へ

ト音記号の「まんなか」と書いてあるレは 下第1間のレです。「たかい」と書いてあるレは 第4線のレです。
まんなかのレは これまでヘ音記号の音域として読み書きしてきましたが ここでは ト音記号の音域で書かせてください。

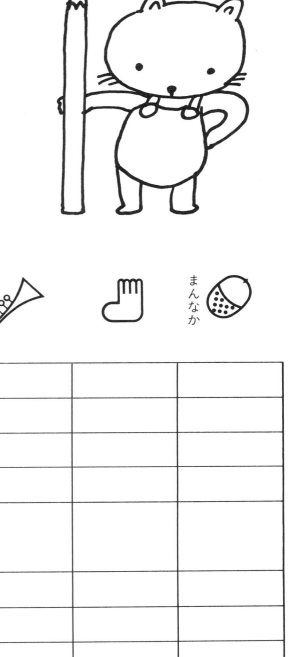

りりちゃんと　るるくんは　がんばりました。
とうとう　おんぷが　よめるように　なりました。
おんぷが　おだんごじゃないことも　わかりました。
「がんばって　よかったね！」
「おんぷが　よめるように　なったもんね！」

おかあさんが　いいました。

「ふたりとも　よくがんばったわね。えらかったわ！
　こんどは　ほんとうのおんぷをよむ　おべんきょうを
　はじめましょう。」

りりちゃんと　るるくんは　びっくりしました。

「ほんとうのおんぷって　なんのこと？」

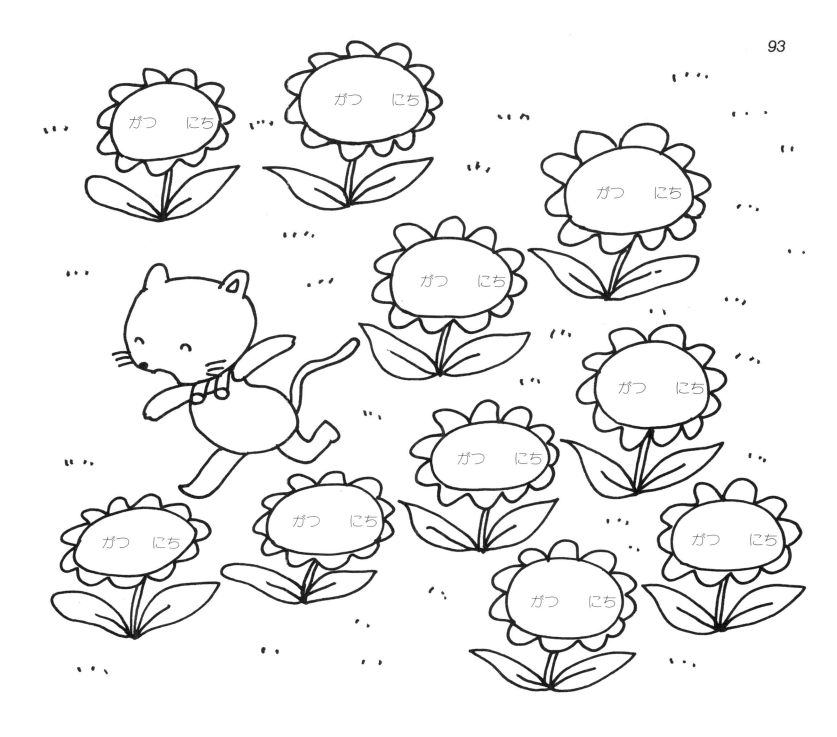

がつ　にち	がつ　にち	がつ　にち	がつ　にち
がつ　にち	がつ　にち	がつ　にち	がつ　にち
がつ　にち	がつ　にち	がつ　にち	がつ　にち
がつ　にち	がつ　にち	がつ　にち	がつ　にち

指導なさる方へ

お花が終ったら 表に記入してください。

著者略歴

江口寿子（えぐち　かずこ）
[略歴]
ピアノを小川冨美子、嘱澄江両氏に師事。
国立音楽大学ピアノ科にて学ぶ。
1966年、子供のためのピアノスクール「一音会ミュージックスクール」をつくり、指導のかたわら、音感教育、ピアノ教育、音楽心理学、児童心理学を研究。
ピアノ教師の研究サークル「子供の音楽を考える会」、ピアノ教師のためのビデオによる通信教育「PLAS」、絶対音感をつける通信教育「ミミちゃんクラブ」、相対音感をつける通信教育「あれぐろCLUB」をつくる。
音楽学会、音楽教育学会、保育学会会員。

〔著書〕　「がんばれキャッツ」（全3巻）
　　　　　「ソルフェージュワークブック」
　　　　　「ぴあのだいすき」
　　　　　「移動ドのドリル」（全2巻）
　　　　　「どれみふぁ どんぐり」（全2巻）
　　　　　「ごー・ごー」（全3巻）
　　　　　「かたまりよみカード」
　　　　　「こびとワークブック」（全2巻）
　　　　　「リズムワークブック」
　　　　　「ピアノのドリル」（全5巻）
　　　　　「ハーモニー ワークブック」
　　　　　「ハノン・ノン」
　　　　　「おんがくのたね」
　　　　　「ぱたん・ぱたん」（全4巻）
　　　　　「ぴあのはかせ」
　　　　　「くまさんワークブック」
　　　　　　　以上　共同音楽出版社刊
　　　　　「おんぷの学校」（全6巻）
　　　　　「ピアノの学校」（全6巻）
　　　　　「スケールの学校」（全6巻）
　　　　　　　以上　全音楽譜出版社刊
　　　　　その他著書は80冊をこえる

ご案内

　ご自分のレッスンを、より良いものにしたいと願わない先生はいません。もっと音楽の楽しさを伝えたい、もっと上手にしてあげたい、すべての先生がそう願って、毎日のレッスンに真剣に取り組んでいるはずです。でも、どんなふうに指導したらよいのか、迷い悩んでいます。

　「江口メソード」は、調査や実験に基づき、発達心理学の裏づけある、科学的で合理的な指導法です。ですから、子どもたちは、基礎的な力を楽にしっかり身につけ、ピアノや音楽が大好きになり、一生ひとりで音楽とつきあっていく力「音楽的自立」を身につけることができます。

　しかし、「江口メソード」は、これまでの常識を破った、いわば不思議な、もっといえばヘンテコなメソードです。そのため、指導法がわからない先生方が大勢いらっしゃいます。どんな先生でも「江口メソード」を自信を持って教えていただくために、ＰＬＡＳ－１０というシステムを作りました。

　ＰＬＡＳ－１０では、その指導法を、ＤＶＤやビデオなどの映像を使って、わかりやすく具体的にお教えします。ＰＬＡＳ－１０の「１０」は、この「江口メソード」で指導すれば、少なくとも生徒さんが１０人増えるという意味です。実際、「江口メソード」を使った先生方は、生徒さんを増やしていらっしゃいます。

　詳しい案内をご希望の方は下記へご連絡ください。

　　　　　　　　　　　　　　一音会本部　ＰＬＡＳ－１０係
　　　　　　　　　　　　　　〒１７１－００５１
　　　　　　　　　　　　　　東京都豊島区長崎３－１９－１
　　　　　　　　　　　　　　電話０３－３９５４－２０００
　　　　　　　　　　　　　　　　1000@ichionkai.co.jp

このテキストで指導される方のために、サポートセンターを設置しております。テキストの使用法に関するご質問などは、下記アドレスまでメールください。
1000@ichionkai.co.jp

がんばれキャッツ ステップ1
1985年12月15日初版発行
2024年4月15日第27刷発行
著　者　江口寿子©2024
発行者　豊田治男
発行所　株式会社共同音楽出版社
　　　　〒170-0051 豊島区長崎 3-19-1
　　　　電話 03-5926-4011
印刷製本　株式会社平河工業社
十分注意しておりますが、乱丁・落丁は本社にてお取替えいたします。

皆様へのお願い

　楽譜や歌詞・音楽書などの出版物を著作権者に無断で複製（コピー）することは、著作権の侵害（私的利用など特別な場合を除く）にあたり著作権法により罰せられます。
　また、出版物からの不法なコピーが行われますと出版社は正常な出版活動が困難となり、ついには皆様方が必要とされるものも出版できなくなります。
　音楽出版社と日本音楽著作権協会（JASRAC）は著作権の権利を守り、なおいっそう優れた作品の出版普及に全力をあげて努力してまいります。
　どうか不法コピーの防止に、皆様方のご協力をお願い申し上げます。

株式会社共同音楽出版社
一般社団法人日本音楽著作権協会（JASRAC）